國學
特訓班

聖人當老師，學習超有趣

同學！讀《莊子》

隱藏版強手是呆若木雞

繪時光——編繪

五南圖書出版公司 印行

莊子

生平大事記

約前 369 年

莊子名周，字子休。大約前369年出生於宋國蒙城（大概位於今天河南商丘一帶）。

約前 334 年

莊子在這一年與魏惠王見面，他穿著破舊的衣服和鞋子。魏王問他為什麼看起來十分疲憊，莊子回答他這是貧窮，並且說明貧窮對人的精神產生不同的影響。

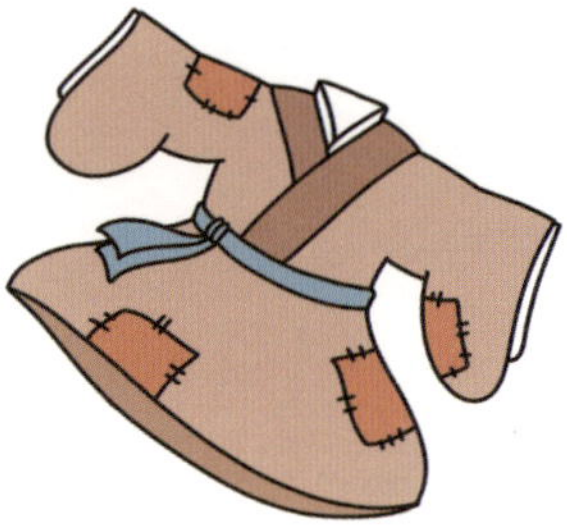

約前 341 年

莊子的好朋友兼最佳辯論對手惠子在魏國得到魏王的重用，被提拔為國相。莊子前去看望他，卻被惠子猜忌，他認為莊子會威脅到自己的地位。莊子嘲笑惠子是個為了死老鼠而猜忌別人的貓頭鷹。

約前 339 年

楚威王派使者拜訪莊子，請莊子去楚國擔任楚國國相。但是莊子毫不猶豫地拒絕了。說他寧願過艱難貧苦的生活，也不願意去充滿危險的官場當官。

約前 328 年

有個宋人去拜見了宋王，得到了十車賞賜，向莊子炫耀。莊子用「頷（ㄏㄢˋ）下之珠」的故事譏笑他，認為人得到的越多，所處的危險也越大。

約前 286 年

莊子在這一年去世。

約前 325 年

宋人曹商出使秦國，秦王賞賜他一百輛車子。回來後曹商自鳴得意，嘲笑莊子住在陋巷，靠織草鞋度日，餓得面黃肌瘦。莊子則罵他給秦王「吮癰舐痔（ㄕㄨㄣˇ　ㄩㄥ　ㄕˋ　ㄓˋ）」。

約前 312 年

莊子的妻子去世了，惠子前去弔唁（ㄧㄢˋ），發現莊子坐在地上，敲著盆唱歌，感到非常驚訝。莊子卻認為，人的生死像一年四季一樣，是自然現象。

約前 322 年

莊子和他的好朋友惠子在濠水邊遊玩，他們就「魚之樂」的問題進行了辯論。這時的惠子已經失去了魏國國相之位，但與莊子的關係反而變好了。

目錄

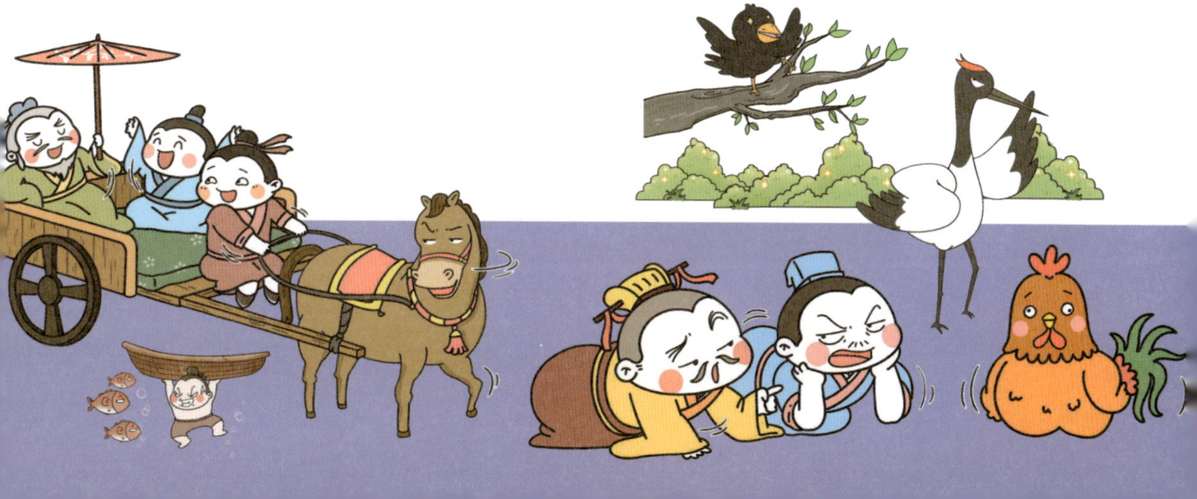

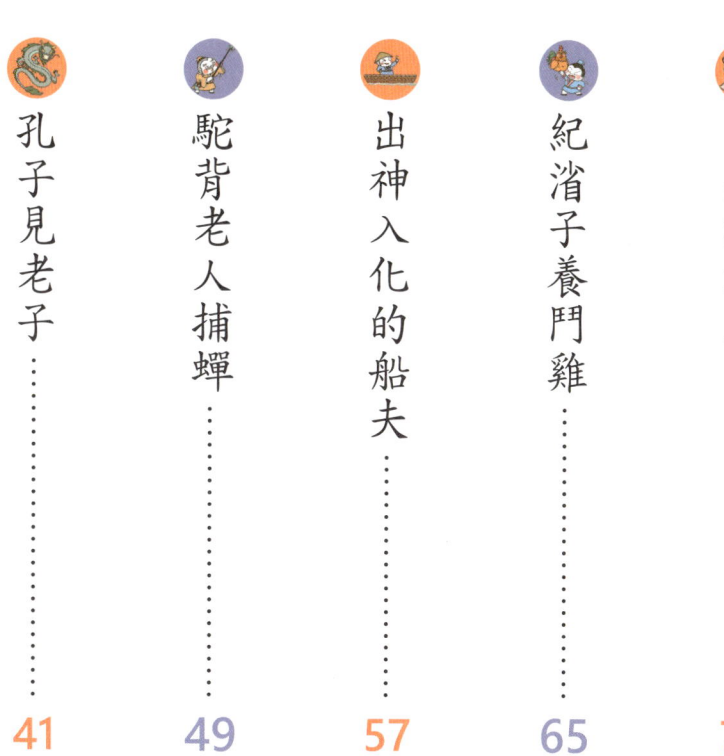

愛學習的叔山無趾

【莊子・內篇・德充符】

魯有兀者叔山無趾，踵見仲尼。仲尼曰：「子不謹，前既犯患若是矣。雖今來，何及矣！」無趾曰：「吾唯不知務而輕用吾身，吾是以亡足。今吾來也，猶有尊足者存，吾是以務全之也。」

ㄞˋ ㄒㄩㄝˊ ㄒㄧˊ ˙ㄉㄜ ㄕㄨˊ ㄕㄢ ㄨˊ ㄓˇ

愛學習的叔山無趾

魯有兀者叔山無趾[1]，踵見[2]仲尼。仲尼曰：「子不

魯國有個被砍去腳趾的人叫叔山無趾，他用腳後跟走路來見孔子。孔子說：「你不

① 叔山無趾：人名，虛擬人物，被砍去腳趾的人。

② 踵（ㄓㄨㄥˇ）見：用腳後跟走路來相見。踵，腳後跟。

謹[3]，前既犯患[4]若是矣。雖今來，何及[5]矣！」

謹慎，早前就已經犯法而遭受砍去腳趾的刑罰。今天雖然來這裡請教我，哪裡來得及補救啊！」

③ 不謹：不謹慎。 ④ 犯患：犯法遭禍。 ⑤ 何及：怎麼趕得上，也就是來不及補救的意思。

無趾曰：「吾唯不知務而輕用吾身，吾是以亡足。

叔山無趾說：「我只因不識事理而輕率作踐自身，所以才失掉了腳趾。

今吾來也，猶有尊足者存，吾是以務全之也。」

如今我來到你這裡，還保有比雙腳更爲可貴的道德修養，所以我想竭力保全它。」

解讀

孔子是聖人，一生為「仁義」奔走，周遊列國，一心想恢復周代的禮樂之治，改變糟糕的世界。但在叔山無趾和老子看來，他還沒有達到至人境界，因為他還在乎人，沒有將生和死看成一樣。在道家看來，人應該順其自然，依照道來生活，而孔子則從人出發，充分發揮人的積極作用。

魯國有個人犯了罪被砍去了腳趾，大家都喊他「叔山無趾」。因為沒有腳趾，他只能用腳後跟走路，雖然不方便，但比砍掉整隻腳的人要幸運。叔山無趾很好（ㄏㄠˋ）學，經常向孔子請教（ㄐㄧㄠˋ）問題。

叔山無趾

　　有一天，叔山無趾又來拜訪孔子了。孔子剛準備出門，就有點不耐煩地說：「你以前做人不小心，觸犯了法律被砍了腳趾，現在來找我求學，還有什麼用啊？」

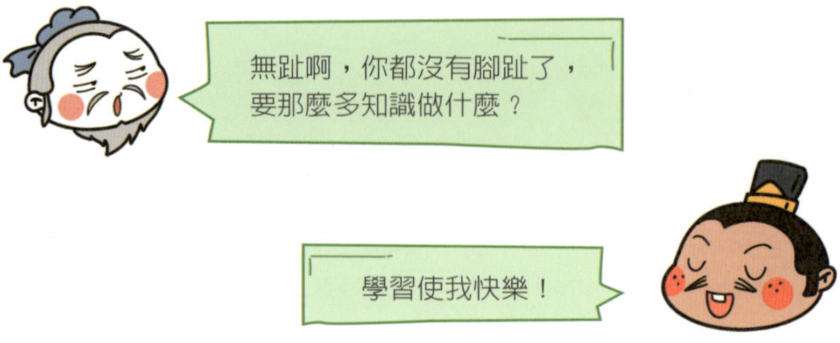
無趾啊，你都沒有腳趾了，
要那麼多知識做什麼？
學習使我快樂！

叔山無趾說：「以前我不懂做人的道理，所以才會犯錯，失去了我的腳趾。現在我來請教您，是因為還有比腳趾更珍貴的東西，我竭盡所能就是想保全它啊！」

追求真理！

「天無邊無際，世界上什麼東西都能被它覆蓋；地非常厚實，沒有什麼是它不能負載（ㄗㄞˋ）的。我把您當成天地，以為您是無所不知的聖人，沒想到您還很在乎人的形骸（ㄏㄞˊ）啊！」

您就是我無限崇拜的偶像啊！

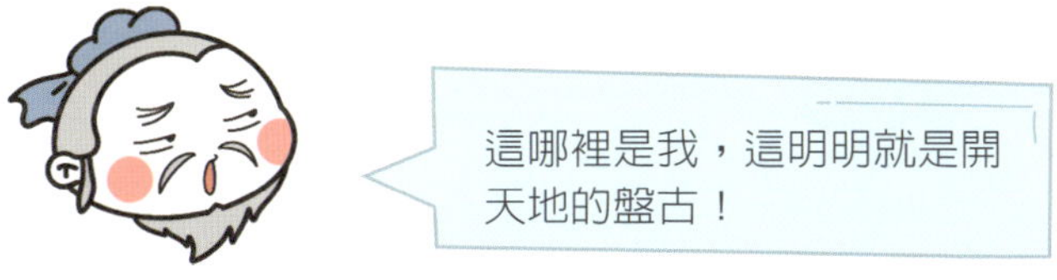
這哪裡是我，這明明就是開天地的盤古！

孔子聽了叔山無趾的話臉一紅，承認自己孤陋寡聞，連忙恭敬地把叔山無趾請到屋子裡，讓他把所見所聞說給自己聽。於是，叔山無趾毫不謙讓地講了自己所知道的道理。講完之後，叔山無趾就離開了。

叔山無趾離開後，孔子對他的學生們說：「看看你們一個個的，還沒有叔山無趾努力，他一個被砍了腳趾的人都想著學習，彌補以前的過錯，何況你們這些四肢健全的人呢！」

有一天，叔山無趾去見老子。他對老子說：「孔子恐怕還沒達到至人的境界吧。要不然他怎麼會向您討教呢？孔子周遊列國，一心想做聖人。可是他追求的理想在別人看來根本就是枷鎖（ㄐㄧㄚ　ㄙㄨㄛˇ）啊。」

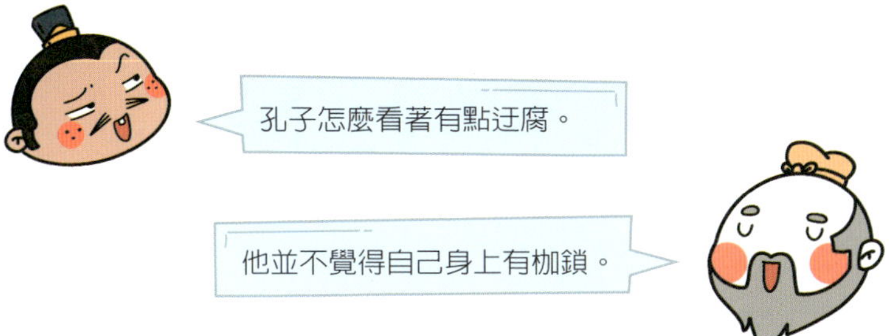

老子回答叔山無趾說：「為什麼不讓他忘掉仁義，將生和死當成同等的事，把是和非看成是一樣的呢？這樣就可以解除枷鎖了呀！」叔山無趾嘆了口氣說：「怎麼可能解除呢！」

文化小辭典

亡羊補牢

「亡羊補牢」意思是丟掉了羊再去修補羊圈，還不算晚。比喻出了問題以後想辦法補救，免得以後繼續受損失。叔山無趾找孔子求學的做法，就是亡羊補牢的寫照。

顏回坐忘

【莊子・內篇・大宗師】

顏回曰：「回益矣。」仲尼曰：「何謂也？」曰：「回忘仁義矣。」曰：「可矣，猶未也。」他日復見，曰：「回益矣。」曰：「何謂也？」曰：「回忘禮樂矣！」曰：「可矣，猶未也。」他日復見，曰：「回益矣！」曰：「何謂也？」曰：「回坐忘矣。」

ㄧㄢˊ ㄏㄨㄟˊ ㄗㄨㄛˋ ㄨㄤˋ

顏回坐忘

顏回[①]曰：「回益[②]矣。」仲尼曰：「何謂也？」曰：

顏回說：「我有進步了。」孔子說：「你的進步指的是什麼呢？」顏回說：

① 顏回：曹姓，顏氏，字子淵，孔門七十二賢之首。

②益：進步，增益。

「回忘仁義[③]矣。」曰：「可矣，猶未也。」他日[④]復

「我已經忘記仁愛和正義了。」孔子說：「很好，但還沒有進入大道境界。」後來某一天顏回又來

③ 仁義：仁愛和正義，儒家思想的核心內容。　④ 他日：後來某一天。

見，曰：「回益矣。」曰：「何謂也？」曰：「回忘

見孔子，對他說：「我有進步了。」孔子說：「你的進步指的是什麼呢？」顏回說：「我已經忘記了

禮樂[⑤]矣！」曰：「可矣，猶未也。」他日復見，曰：

禮樂制度了。」孔子又說：「很好，但還沒有進入大道境界。」後來某一天，顏回再次來見孔子，說：

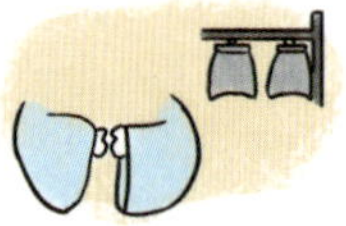

⑤ 禮樂：禮儀和音樂，這裡指禮樂制度，也是儒家思想的內容。

「回益矣！」曰：「何謂也？」曰：「回坐忘矣。」

「我有進步了。」孔子說：「你的進步又指的是什麼呢？」顏回說：「我能靜坐而忘記一切了。」

解讀

莊子在這裡用顏回和孔子這對師徒虛構了一個故事，儒家推崇仁義，希望以禮樂來治理天下。但道家卻認為這還不是人的最高境界，最高的境界是大道，是拋棄內心的欲望，而讓心靈達到淡泊空靈、虛靜無為的狀態。

我們都知道顏回是孔子最得意的弟子，他非常愛學習，而且非常勤奮。顏回天天都在讀書思考，毫不在乎自己住的地方破破爛爛，吃得簡簡單單。

孔子就喜歡愛學習還愛動腦筋的學生，對顏回比對親兒子還親。孔子幾乎沒怎麼指導過自己的兒子，卻總是和顏回探討問題，有時候不像師生，反倒像朋友。

有一天，顏回又來見孔子了。一進門，他就興高采烈地告訴孔子他這幾天思考的結果，他說他已經忘掉仁義了。孔子告訴他，這還遠遠不夠。

過了幾天，顏回又來見孔子。一見到孔子，顏回就激動得不得了，立刻把他的感悟說給孔子聽，說他已經忘記禮樂了。結果孔子又是一盆冷水倒在他頭上，說他這樣還不夠。

又過了幾天，顏回再次來見孔子。這次他信心十足地向老師拱手行禮，告訴老師他這段時間的感悟，他說自己已經「坐忘」了。

這回輪到孔子疑惑了，前兩次仁義、禮樂都是他非常熟悉的話題。但什麼是「坐忘」呢？孔子狐疑地看著自己的學生顏回，擔心他是不是用腦過度，或者是太想獲得表揚，所以故意造了個新奇的詞？

顏回向孔子解釋說：「『坐忘』的意思是，忘掉自己的形體，拋棄自己的聰明，讓自己擺脫身體和思考的束縛，與通達萬物的大道一致。」

孔子聽了顏回的一番話，大吃一驚，感慨地說：「與大道一致就沒有了偏心和嗜好。既然與變化融為一體，你也就不再受任何常理的束縛了。你果然大有進步，我孔丘要拜你為師了。」

文化小辭典 仁義禮樂

「仁義禮樂」是儒家思想的核心內容。仁義，是指仁愛和正義，對人要有仁愛之心，對事情要有公正、負責任的態度，這是儒家道德的最高原則。

禮樂，是指禮儀和音樂，學習禮儀能讓人和人之間友好相處，相互尊敬，而音樂則能陶冶情操。

讓人們去惡從善，提高道德修養，這是儒家治理天下的理想方式。

天根請教無名人

【莊子・內篇・應帝王】

天根遊於殷陽，至蓼水之上，適遭無名人而問焉，曰：「請問為天下。」無名人曰：「去！汝鄙人也，何問之不豫也！」

ㄊㄧㄢ ㄍㄣ ㄑㄧㄥˇ ㄐㄧㄠˋ ㄨˊ ㄇㄧㄥˊ ㄖㄣˊ

天根請教無名人

天根[1]遊於殷陽[2]，至蓼水[3]之上，適遭無名人而問焉，

天根在殷陽這個地方遊玩，走到了蓼水邊上，恰巧碰到了無名人，於是他就

① 天根：人名，莊子虛構的人物。　③ 蓼（ㄌㄧㄠˇ）水：虛擬河流名。

② 殷陽：虛擬地名。

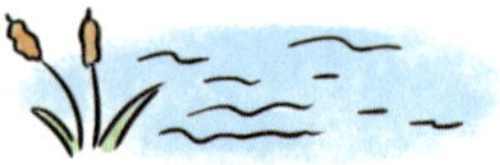

曰：「請問爲天下。」

上前恭恭敬敬地問：「想請教您治理天下的辦法。」

無名人曰：「去！汝鄙人[4]也，何問之不豫[5]也！」

無名人說：「走開！你這個鄙陋的人，爲什麼要問這些令我不愉快的問題！」

④鄙人：卑劣的人，鄙陋的人。　⑤不豫：使人不快。

解讀

莊子虛構了一個叫天根的人和一個叫無名人的人。天根一心想治理天下，無名人卻一心要雲遊天外。在無名人看來，治理天下最根本的辦法就是順應大道自然，清淨無為，讓一切按照本來的秩序去運行。

有一個名叫天根的人，他心懷天下，滿腦子想的都是怎麼治理天下，讓天下的百姓都能吃飽喝足，生活快樂幸福。

天根自己想不到辦法，所以就去周遊天下，想請教他人有沒有好的辦法。他走啊走，從南走到北，又從東走到西，遇到了很多人，卻沒有幾個有智慧的，誰也回答不了他的問題。

天根繼續找啊找，一天他來到一個叫殷陽的地方。天根心情鬱悶地在蓼水河邊走著，這時恰巧碰到了無名人。天根非常開心，因為他早就聽說無名人的大名，仰慕他很久了。

天根一路小跑，氣喘吁吁（ㄒㄩ）地站到無名人面前，還沒問候人家，就急著請教無名人：「請問，怎麼樣才能治理好天下呢？我問了好多人，都沒有人回答我。」

聽了天根的提問，無名人非常不高興，兩條眉毛皺成了兩塊黑疙瘩。他毫不客氣地對天根破口大罵：「走開，不要壞了我的好心情！」

無名人沒好氣地說：「我正想找造物主玩呢，乘著虛無縹緲的神鳥，飛出天地四方之外，在無何有之鄉遊玩，在空空蕩蕩的原野上蹓躂。你為什麼要問我這個無聊的問題，把我內心的清淨都給破壞了。」

天根是個打破砂鍋問到底的死腦筋，他不理解無名人是對治理天下不感興趣而不想回答這個問題，還在一個勁地懇求無名人告訴他治理天下的方法。

你給我放手！
你就告訴我吧，求你了！

無名人為了讓他起來，只好無奈地說：「只要你心情寧靜，讓自己的意氣與萬物融為一體，順應自然變化，丟掉私心雜念，你就能治理好天下了。」

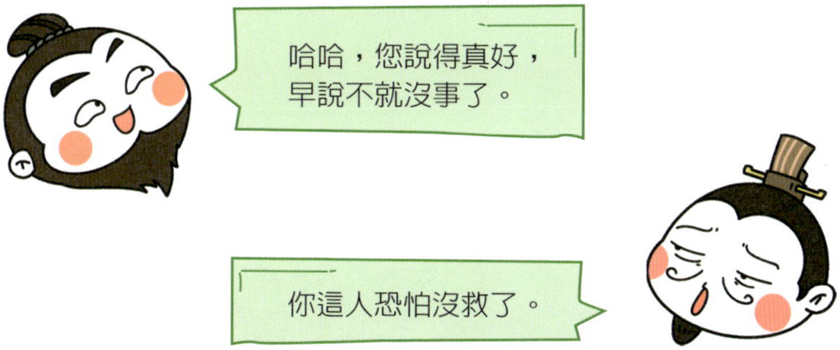
哈哈，您說得真好，早說不就沒事了。
你這人恐怕沒救了。

文化小辭典

無爲而治

「無為」不是放任不管，而是讓一切順應自然本性，不強加手段干預。

漢朝在文帝和景帝時期奉行的就是「無為而治」，那時候戰亂剛剛結束，百姓生活艱辛，所以統治者就採取老莊的思想，對百姓少徵稅甚至不徵稅，不用嚴刑酷吏，讓他們好好生活，安心生產。沒過多久，社會就繁榮起來。

管仲薦宰相

【莊子・雜篇・徐无鬼】

管仲有病，桓公問之曰：「仲父之病病矣，可不諱云，至於大病，則寡人惡乎屬國而可？」管仲曰：「公誰欲與？」公曰：「鮑叔牙。」曰：「不可。其為人絜廉，善士也。其於不己若者不比之，又一聞人之過，終身不忘。使之治國，上且鉤乎君，下且逆乎民。其得罪於君也，將弗久矣！」

ㄍㄨㄢˇ ㄓㄨㄥˋ ㄐㄧㄢˋ ㄗㄞˇ ㄒㄧㄤˋ

管仲薦宰相

管仲[1]有病，桓公[2]問之曰：「仲父之病病矣，可不諱云，

管仲生病了，齊桓公去問他說：「仲父的病很重了，沒有什麼忌諱的話不可以說的，

① 管仲：春秋時期齊國的宰相，著名的政治家，法家學派的先驅。

② 桓公：齊桓公，「春秋五霸」之首。

至於大病[3]，則寡人惡乎屬國[4]而可？」管仲曰：「公

一旦病危，我該把國家大政託付給誰呢？」管仲說：「您

③ 至於大病：即一旦病重而亡的委婉說法。

④ 屬國：把國政託付給某個人。

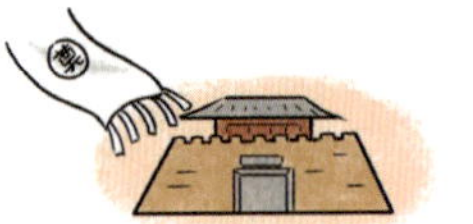

誰欲與？」公曰：「鮑叔牙。」曰：「不可。其爲人

想託付給誰？」齊桓公說：「鮑叔牙。」管仲說：「不可以。鮑叔牙爲人

絜廉，善士也。其於不己若者不比之，又一聞人之過，

廉潔，是個好人。他對比不上自己的人是不願意親近的，他只要聽說了某人的過錯，

終身不忘。使之治國，上且鉤乎君[5]，下且逆乎民[6]。

就會終身不忘。若是讓他管理國家，對上會違逆君王，對下會違背民意。

⑤ 上且鉤乎君：對上違逆君王。鉤，違逆。

⑥ 下且逆乎民：對下違背民意。逆，忤逆，觸犯。

其得罪於君也，將弗久矣！」

他得罪君王將不會太久了。」

解讀

管仲向齊桓公推薦宰相人選的時候並不推薦自己的好朋友鮑叔牙，因為他深知鮑叔牙的為人，讓他做宰相可能對齊國不利。他這麼做，公私分明，不僅是對國君忠誠，也是對朋友負責。

仲父啊，您怎
麼病成這樣？
齊桓公

齊國宰相管仲生了一場重病，病得都不能從床上起來。齊桓公擔心他的身體，親自來看他。齊桓公真正擔心的是萬一管宰相去世了，得找個接班人啊！

齊桓公對管仲說：「您別介意我說點不吉利的話啊，您病危了，我該找誰做宰相呢？」管仲反問道：「您想讓誰做宰相呢？」齊桓公有點猶豫地說：「我想讓鮑叔牙來做宰相。」

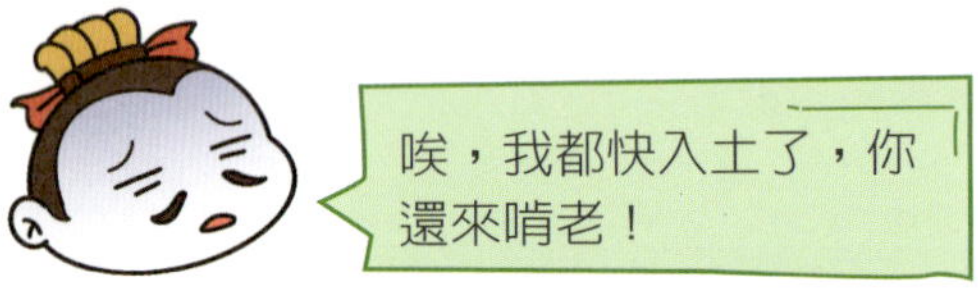
唉，我都快入土了，你
還來啃老！

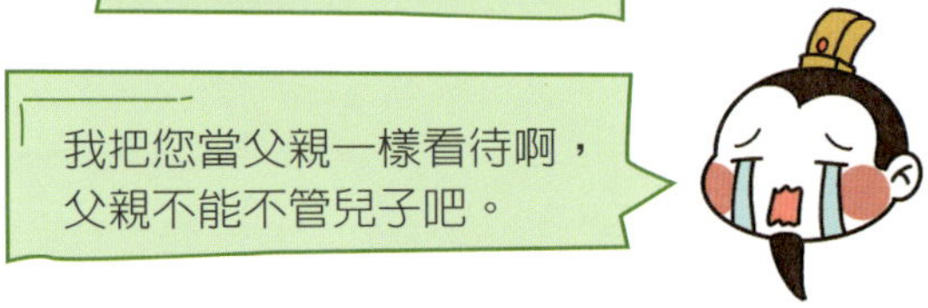
我把您當父親一樣看待啊，
父親不能不管兒子吧。

管仲激動起來，猛地一陣咳嗽，說：「千萬別讓鮑叔牙當宰相，這樣不僅害死你，還會害死他自己。」齊桓公聽呆了疑惑地問：「你倆不是生死之交嗎？按照常理您應該支持他才對啊！」

難不成友誼
的小船說翻
就翻？
一個喊我乾爹，一
個喊我哥們，我得
對你們負責！

管仲解釋道：「雖然鮑叔牙是個清廉的好官，但他並不適合坐在宰相這個位子上。他這個人清高，看不起那些品行比自己差的人。只要聽到別人犯了一點點錯，他終生都會記得，就不願和那個人來往了。」

這兩個小人背
地裡說人壞話！
聽說管仲這
人非常傲慢。
還有鮑叔
牙，他們
狼狽為奸。

「如果讓鮑叔牙來當宰相，治理國家也跟他做人一樣，眼裡揉不得沙子，要求別人品德高尚，那樣肯定會得罪人。萬一哪天惹您不高興了，您可能就會砍了他的頭。」

聽了管仲的分析，齊桓公覺得很有道理，宰相候選人被否定，那誰來接這重擔呢？齊桓公又陷入了困境。

我反對！
那我選誰
當宰相呢？

隰朋
我把選票投給隰朋！
為什麼呢？

管仲翻來覆去想了很久，回答說：「如果目前找不到合適的人選，迫不得已的情況下，先讓隰（ㄒㄧˊ）朋當一段時間吧。他這個人比鮑叔牙更適合做宰相。」

「隰朋對上不逞能，不會忤逆君王；對下處處忍讓，不會讓其他官員反叛。他常常因為自己的智慧不如黃帝而感到自責，但是對那些德行不如自己的人又非常同情和體諒。」

我們錯了！
唉，記住，下次
不能再犯了！

「一個人以高尚的德行感化他人，那他就被稱為聖人；而一個人肯把財物分給有需要的人，那他就被稱為賢人。如果一個人以德行自居，傲慢地對待別人，那他一定不會得到人心；如果一個人用自己的賢德謙虛待人，那他一定會得到很多人的擁護。」

拿著吧，
這是我的
私房錢。

「像隰朋這樣的人，他對國家大事不會處處苛求，對於家裡雞毛蒜皮的小事也不會斤斤計較。讓他來治理國家，他能專心致志，不會被其他事情干擾。所以如果到了實在沒辦法的時候，隰朋是個合適的宰相人選。」

隰宰相真有兩把刷子！
我不僅有刷子，還有個好腦子。

您比親爹還親啊。
乾爹可不是白叫的。

齊桓公聽完管仲的建議，激動地握住他的手，差點流出眼淚。他感激地說：「您真是個好宰相。死之前都還在為國家操勞，為我分憂。」

「沒想到您還這麼公私分明，不因為鮑叔牙是您的好朋友和恩人而讓他來做宰相。有您這樣的人才，真是我們國家的幸運呀。」

你是真正的好朋友！
我當然是為你好啊！

文化小辭典

管鮑之交

管仲和鮑叔牙都是齊國人，年輕的時候他們就是好朋友。一開始他們一起做生意，後來都去當了官。管仲輔佐當時的公子糾，而鮑叔牙輔佐公子小白。

後來齊國發生了內亂，公子糾和公子小白兩人爭奪王位，管仲為了幫公子糾上位想射死公子小白。

沒想到公子小白詐死，最後當上了國君，就是後來的齊桓公。鮑叔牙一再求齊桓公饒管仲一命，還讓他做了齊國的宰相。鮑叔牙和管仲之間的友誼後來被人們頌揚，留下了「管鮑之交」的美談。

「天師」童子

【莊子・雜篇・徐无鬼】

黃帝將見大隗乎具茨之山，方明為御，昌寓驂乘，張若、謵朋前馬，昆閽、滑稽後車。至於襄城之野，七聖皆迷，無所問塗。適遇牧馬童子，問塗焉，曰：「若知具茨之山乎？」曰：「然。」

「天師」童子

黃帝①將見大隗②乎具茨之山③，

黃帝要到具茨山拜見大隗，

① 黃帝：上古時代部落聯盟的首領，三皇五帝之首，被尊為「人文初祖」。

② 大隗（ㄨㄟˇ）：虛構的人名，是黃帝要尋找的人。

③ 具茨（ㄘˊ）之山：山名，位於今天河南新鄭一帶。

方明爲御④，昌寓驂乘⑤，

方明駕駛馬車，昌寓陪乘，

④ 方明為御：方明，虛構的人名。御，駕駛馬車。

⑤ 昌寓（ㄩˇ）驂（ㄘㄢ）乘：昌寓，虛構的人名。驂乘，坐在馬車右面的陪乘者。

張若、謵朋前馬⑥，昆閽、滑稽後車⑦。至於襄城之野，

張若、謵朋在馬前做引導，昆閽、滑稽跟隨在車後。到了襄城的郊外，

⑥ 張若、謵（ㄒㄧˊ）朋前馬：張若、謵朋都是虛構的人名。前馬，在馬前引導。

⑦昆閽（ㄏㄨㄣ）、滑稽後車：昆閽、滑稽均為虛構的人名。後車，跟隨在車後。

七聖皆迷，無所問塗。適遇牧馬童子，問塗焉，

這七個人都迷路了，沒有人可以問路。恰好他們碰到一個放飼馬群的小孩，於是就向他問路，

曰：「若知具茨之山乎？」曰：「然。」

說：「你知道具茨山怎麼走嗎？」小孩回答說：「知道。」

解讀

我們大多數人都認為，是大人教導小孩子，而不是小孩子教導大人。但是莊子卻是個奇人，他竟然讓統治天下的黃帝去向一個放馬的小孩子請教怎麼治理天下。而這個小孩是個神童，不僅能神遊天外，還比黃帝更懂得如何治理天下。其實在現實生活中，有時候小朋友說出的話做出的事，比大人要有智慧得多。

你知道具茨山怎麼走嗎？
知道。
黃帝

黃帝帶著幾個隨從（ㄗㄨㄥˋ）去具茨山找一位叫大隗的神仙。方明在左邊駕駛馬車，昌寓坐在右邊當副駕駛，張若、謵朋在前面做嚮導，昆閽、滑稽跟在車後當保鏢。這位神仙神龍不見首尾，實在太難找了，七個人走到襄城郊外，竟然迷了路。

就在他們像無頭蒼蠅，毫無頭緒的時候，恰好遇到一個牧馬的孩子。七個人喜出望外，趕緊跑過去問路。這個孩子騎在馬背上，悠閒地吹著口哨，見到他們既不驚訝也不害怕。

牧馬的孩子正眼都沒瞧這倆人，他們怎麼哄孩子都不說話。黃帝只好親自出馬，他向孩子行拱手禮，恭敬地向他問路。孩子這才點點頭，問他們要去哪裡。幾個隨從羞愧得臉都紅了。

小朋友，你知道具茨山怎麼走嗎？
知道啊！
你知道大隗在什麼地方嗎？
當然知道！

黃帝打聽清楚了大隗住在什麼地方，十分高興。他對這個孩子更加好奇了，這個小不點到底是何方神聖？於是就向他打聽如何治理天下，他的隨從都驚呆了，堂堂天下之主，竟然向一個孩子請教這麼大的問題。

你教教我怎麼
治理天下吧。
你還有糖嗎？

孩子很鎮定地回答：「治理天下就是要你們這樣在襄城郊外遊蕩啊，何必去管理那些麻煩的事呢！我小時候得了暈眩症，一位長者告訴我：『你乘著太陽車到襄城郊外去遊蕩，忘掉塵世的一切。』」

玩一會兒
就不暈了！

「現在我的病已經有所好轉啦，接下來我要去茫茫無際的六合之外遊玩。治理天下不就是像這樣嗎，何必要去談論它呢！你們順其自然，天下就會和諧安寧，哪裡用得著治理。」

吃了糖就想跑！回來！
我要走了，別耽誤我去玩。

黃帝繼續窮追不捨地問：「治理天下確實不是小孩子能做的事，但我還是想向你請教怎麼治理天下，這對我很重要。」孩子被問煩了，噘（ㄐㄩㄝ）著嘴就是不肯回答，準備離開。

黃帝是不到黃河心不死，不僅拉著孩子不讓他走，還讓幾個隨從把孩子的馬牽在手裡，不讓他們跑掉。孩子只好回答：「治理天下就跟我牧馬一樣，去掉妨礙馬成長的東西就行了。」黃帝這回滿意了，恭敬地向孩子行大禮表示感謝，稱他為「天師」。

文化小辭典

黃帝

黃帝是中國遠古時代部落聯盟的首領，姓公孫，名軒轅，被尊為「五帝」之首，是華夏民族的「人文初祖」。

傳說黃帝教人們播種百穀，辨別藥物，鼓勵大家通過勞動發展農業和手工業。

他的妻子嫘（ㄌㄟˊ）祖教會人們養蠶，發明了繅（ㄙㄠ）絲織布的技術。從黃帝時代起，人們開始注重衣服帽子的穿戴，建造交通工具船和車，演奏音樂等等。

孔子見老子

【莊子・外篇・天運】

孔子見老聃歸，三日不談。弟子問曰：「夫子見老聃，亦將何規哉？」孔子曰：「吾乃今於是乎見龍！龍，合而成體，散而成章，乘雲氣而養乎陰陽。予口張而不能嗋，予又何規老聃哉？」

ㄎㄨㄥˇ ㄗˇ ㄐㄧㄢˋ ㄌㄠˇ ㄗˇ

孔子見老子

孔子見老聃①歸，三日不談。弟子問曰：「夫子見老聃，

孔子拜見老子回來後，三天都不開口說話。弟子們問他：「老師您見到老子，

① 老聃（ㄉㄢ）：即老子，姓李，名耳，字伯陽，是春秋時期道家學派的代表人物。

亦將何規②哉？」孔子曰：「吾乃今於是乎見龍！龍，

是怎樣規勸他的呢？」孔子說：「我現在才見到了龍！龍，

② 規：規勸，勸說。

合而成體，散而成章③，乘雲氣而養乎陰陽。予口張而

聚合而成形體，散去後成爲絢麗的花紋，乘駕著雲氣而在陰陽之間養息。我驚訝得嘴

③ 章：華美的文采。

不能嗋④，予又何規老聃哉？」

都合不攏，又怎麼能規勸老子呢？」

④ 嗋（ㄒㄧㄝˊ）：閉上嘴巴。

解讀

這則故事體現了道家和儒家思想的不同。儒家強調人要通過仁義去約束人們，治理天下。可在道家看來，要讓天下民風淳樸，就應該順應自然發展之道，各得其所。而不是強求他們，被迫改變自己。

有一天，孔子跑到周朝的國家圖書館找老子，老子在這裡當圖書管理員。老子是當時公認的最有智慧的人，很多有志青年都去向老子請教。孔子滿腔熱血，一見到老子就對他講起仁義。

我千里迢迢來求學，您可別讓我空手而歸啊！
那當然，一時半刻吃不了還可以打包帶回去。

老子一聽到「仁義」兩個字就像吃了蒼蠅似的，搖著頭說：「篩米的時候米糠飛進眼睛，人們就不能分辨東西南北了；人被蚊蟲叮咬後，又癢又痛整晚都睡不著覺。」

哎喲，眼睛要完蛋了！
該死的蚊子，看我怎麼滅了你！

老子苦口婆心地勸孔子：「你啊，為什麼不讓天下人保持質樸的天性呢？你自己也應該順應自然，修養自己的德行，而不要像敲著鼓急匆匆到處找兒子的人，盲目地找尋真理。」

「鶴不用每天都洗澡，牠也潔白得像雪一樣；烏鴉不用每天塗染，牠也像木炭一樣烏黑。黑和白本來就是牠們的天性，沒必要加以改變。而自己有了名譽，也不必過分誇大，廣為宣傳。」

「泉水乾涸（ㄏㄜˊ）了，兩條魚被困在陸地上，牠們慢慢呼吸，靠唾沫濡溼對方，苟活一陣子。哪裡比得上兩條魚自由自在地在江湖裡暢遊，不認識彼此。」

認識你真好，可以相依為命！
好什麼好，認識你我倒楣透了！江湖不好嗎？現在卻在這裡。

孔子聽了老子的一番話後，啞口無言。他回到魯國後，三天都沒有跟人說話。他的弟子們又疑惑又好奇，想知道孔子和老子到底討論了什麼。大家忍不住問孔子他是怎麼規勸老子的。

估計是悟到了什麼大道理了吧。
自從老師回來，怎麼都不說話了！
冉有
顏回
子貢

孔子思考了很長時間，才緩緩開口說：「你們知道嗎，我這次去京城遇見了一條龍，一條真龍啊！」弟子們都驚訝地瞪大眼睛，想不到老師還有這樣的奇遇，一個個都想聽故事。

「龍這個物種，變化多端，聚合在一起就是一條龍，離散開來就變成鱗彩。牠騰雲駕霧，吸收天地的精華，自由遨遊。我見了老子，驚得嘴巴都合不攏，哪裡還能規勸他什麼呢！」

文化小辭典

孔子向老子求教

兩千多年前，老子在當時周朝的國家圖書館裡當管理員，孔子還是個不太出名的青年教師。孔子當時意氣風發，積極探索治理天下的方法，想讓天下太平，人民安居樂業。一次偶然的機遇，讓他得以去周朝學習禮樂，於是他去拜訪老子。

老子是道家的創始人，是當時公認的最有智慧的人。孔子向他請教了很多問題，在孔子即將回魯國的時候，老子送給孔子三句贈言。第一句是一個人能看透世人但四處妄議，這人離死期就不遠了；第二句是不要苛責別人，攻擊別人的短處；第三句話是，為人子者不要老想著自己，為人臣者也別老想著自己。

駝背老人捕蟬

【莊子・外篇・達生】

仲尼適楚，出於林中，見痀僂者承蜩，猶掇之也。

仲尼曰：「子巧乎！有道邪？」

ㄊㄨㄛˊ ㄅㄟˋ ㄌㄠˇ ㄖㄣˊ ㄅㄨˇ ㄔㄢˊ

駝背老人捕蟬

仲尼適楚[1]，出於林中，

孔子到楚國去，從樹林中走出來時，

① 適楚：適，到，往。到楚國去。

見痀僂[2]者承蜩[3]，猶掇[4]之也。

看到一個駝背的人正持竿黏蟬，就好像用手拾取一樣容易。

② 痀僂（ㄐㄩ ㄌㄡˊ）：駝背，曲背。

③ 承蜩（ㄊㄧㄠˊ）：承，黏取，黏住。蜩，蟬。黏蟬，把蟬黏住。

④ 掇（ㄉㄨㄛˊ）：拾取。

仲尼曰：「子巧乎！有道[5]邪？」

孔子說：「您的手很靈巧啊！這裡也有技術嗎？」

⑤ 道：指技藝。

解讀

無論做什麼事情，哪怕是很微不足道的事情，只要專心致志，投入百分之百的精力去做，自然能做好。而且當熟練程度越來越高，在別人看來你就是掌握了獨特技能的人，這就是所謂的「熟能生巧」。

有一次，楚王邀請孔子到楚國去講學。孔子很高興地接受了，帶著自己的學生，駕著馬車愉快地出發了。他們一路上有說有笑，有時討論天下大事，有時說些人生哲理，交流得很暢快。

我們想天天這樣上課，新鮮又刺激。
孔子

當他們走出一片樹林的時候，遇到了一位駝背的老人，老人扛著長長的竹竿往樹上靠，不知道在幹什麼。等走近了，才知道他在竹竿頂端塗了黏糊糊的泥丸在黏蟬。一眨眼的工夫，老人就黏了好多隻蟬。

嘿嘿~

你們看他的速度多快啊！

真好玩，我也想試試！

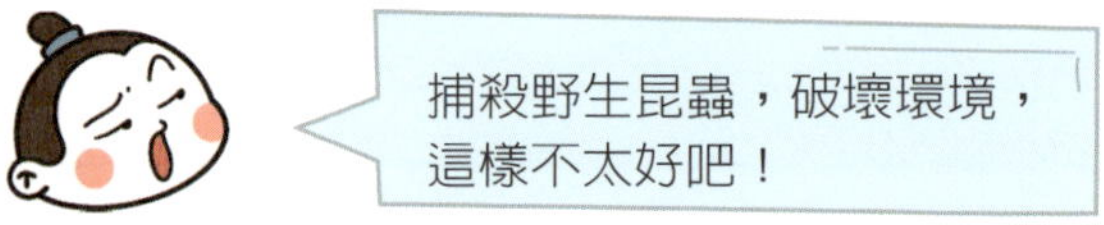
捕殺野生昆蟲，破壞環境，
這樣不太好吧！

駝背老人黏蟬的技術太嫻熟了，就像在地上拾取東西一樣容易。孔子好奇地上前問老人：「您捕蟬的技術實在是太高超了，請問您是有什麼獨家絕活嗎？」老人停下來，笑咪咪地說：「有啊，我來說給您聽聽。」

可是我沒有錢啊！
想學嗎，我可是要收學費的！

駝背老人說：「一開始我也沒這麼快，經過了很長時間的練習才能有今天這樣的技術。在練了五、六個月後，我在竹竿頂端疊放兩個泥丸而不掉下來，黏不到蟬的情況就很少了。」

哎喲！

「後來，我在竹竿頂端疊放三個泥丸而不掉下來，黏不到蟬的機率只有十分之一。現在，我在竹竿頂端疊放五個泥丸，泥丸都不會掉下來，這樣在黏蟬的時候，就像在地上撿東西一樣簡單了。」

大家都被駝背老人嫻熟的技術驚呆了，孔子又問：「您是怎麼做到的？」駝背老人回答：「黏蟬的時候啊，要心神安寧，站著就像一截木樁（ㄓㄨㄤ）一樣，絲毫不動；我拿著竹竿，就像乾枯的樹枝一樣。」

「雖然天地廣大，有無數的事物，但在我心中就只有蟬的翅膀。我心裡毫無雜念，專心致志地捕蟬，不受外界任何的打擾，怎麼會捕不到蟬呢？」

嘿嘿，我黏！

孔子聽完駝背老人的話，非常讚賞。他回過頭來對一群看傻了眼的弟子們說：「你們這回明白了吧，專心致志，聚精會神，達到了高妙的境界，說的不就是這位老人家嘛。」

你們明白什麼道理了嗎？
明白了，明天就回家學習捕蟬。

文化小辭典

專心致志

成語「專心致志」形容一心一意，精神高度集中地做事。

有位很有名的圍棋大師叫弈（一丶）秋，他有兩個徒弟。剛開始兩個徒弟程度差不多，但是在上課的過程中，一個專心聽講，另一個總是三心二意，心思不在棋上。

結果上課專心的人棋藝進步很快，而那個三心二意的人一點也沒有進步。

出神入化的船夫

【莊子・外篇・達生】

顏淵問仲尼曰：「吾嘗濟乎觴深之淵，津人操舟若神。吾問焉，曰：『操舟可學邪？』曰：『可，善游者數能。若乃夫沒人，則未嘗見舟而便操之也。』吾問焉而不吾告，敢問何謂也？」

ㄔㄨ ㄕㄣˊ ㄖㄨˋ ㄏㄨㄚˋ ˙ㄉㄜ ㄔㄨㄢˊ ㄈㄨ

出神入化的船夫

顏淵問仲尼曰：「吾嘗濟[1]乎觴深[2]之淵，津人[3]操舟

顏淵問孔子：「我曾經渡過一個叫觴深的深潭，船夫駕船的技術

① 濟：渡。
② 觴（ㄕㄤ）深：潭名，因形狀像酒杯因而命名為觴深。
③ 津人：船夫，在渡口撐船運送旅客的人。

若神。吾問焉[4]，曰：『操舟可學邪？』曰：『可，

巧妙如神。我問船夫爲什麼會有如此神奇的駕船本領時說：『駕船的技術可以學嗎？』船夫說：『可以，

④ 焉：於此，指前面船夫「操舟若神」這件事。

善游者[5]數能[6]。若乃[7]夫沒人[8]，則未嘗見舟而便操

善於游泳的人多次練習就能掌握。至於會潛水的人，即使他們沒有見過船，也能操縱

⑤ 善游者：善於游泳的人。
⑥ 數能：指多次練習。
⑦ 若乃：至於。
⑧ 沒（ㄇㄛˋ）人：能長時間潛入水中的人。

之也。』吾問焉而不吾告，敢問何謂[9]也？」

自如。』我問他駕船的技能，他卻不告訴我，這是什麼意思呢？」

⑨ 何謂：即謂何，是什麼意思。

解讀

在這個故事裡，會游泳的人和會潛水的人更容易掌握駕船技術，這是因為他們的水性很好，在水裡和在平地上沒什麼兩樣，他們的內心不會被外物擾亂。我們經常會碰到一些人在某項工作或事情上擁有高超的技能，但是一旦被外在因素干擾，或者太在乎外物，內心就會大亂，從而導致發揮失常，甚至喪失原本的能力。

哈哈哈哈哈，
哪裡來的蝴蝶！
只想學習！

有一次，顏淵和孔子探討問題，顏淵說自己曾經到一個地方去，經過一個渡口，因為不會游泳，只能搭船過河，船夫非常熱情地讓他上了船。

大哥，能帶我過河嗎？
有錢買船票當然可以啦！
顏淵

顏淵上了船，還沒站穩，船夫就嫻熟地搖起兩支櫓（ㄌㄨˇ），船像隻鴨子一樣，悠然平靜地在水面上行進起來。到了河中心，水流變得十分湍（ㄊㄨㄢ）急，還有數不清的暗礁（ㄐㄧㄠ），一不小心就會撞上去。

坐穩了，別亂動！
你行不行啊，這水流湍急得讓人害怕。

只見船夫左躲右閃，輕鬆地划到了對岸。顏淵下了船，摸著自己狂跳不止的心，對船夫出神入化的駕船技術非常好奇。於是他問船夫，駕船的技術可不可以學習。

您簡直是撐船神人！這技術能學嗎？
拜我為師，我就教你，偷師可不行。

船夫說：「當然可以了。會游泳的人很快就能掌握划船的技術；會潛水的人就算沒看見過船，也能輕鬆駕駛。」顏淵聽得一愣一愣的，繼續追問這是怎麼一回事。船夫卻對著他笑笑，不再回答了。

別走啊，留下答案！
哈哈，聰明的人會自己找答案。

顏淵想了很久都沒想通這個問題，只好去找他敬愛的老師。孔子說，這個問題小菜一碟啊。會游泳的人水性很好，划船不是什麼難事，操作起來非常順暢。

會潛水的人把深潭看作是陸地上的小丘陵，把翻船看作是車子的後退。船在水中顛簸（ㄅㄛˇ）、浮沉等情形在會潛水的人眼中是平常的事，一點也不值得大驚小怪，他的內心從容，不會被嚇得腿軟。

孔子給顏淵舉了個例子，那些用瓦片做賭注的人心思靈巧，用帶鉤做賭注的人卻心神不寧，用黃金做賭注的人更是頭昏眼花。

嘿嘿，我押全部賭注。
買大還是買小呢？
買定離手！
我不會全都輸吧。

孔子捻（ㄋㄧㄢˇ）著鬍鬚意味深長地說：「這些人其實技術都差不多，但是每個人的心態卻不一樣，如果重視外物，人的內心就會糊塗，容易犯傻。」

我只是舉個例子，賭博可不是什麼好事。
老師，我可是好學生，絕不敢做壞事。

文化小辭典　津人

古代把渡口駕駛渡船的人稱為津人，津就是渡口的意思。古代生產力有限，建造技術也不發達，很多河流上是沒有橋的，只能靠渡船過河。

船夫是古代一個比較常見的職業，他們不僅要熟悉水性，還要嫻熟掌握撐船的技巧，在遇到水流複雜的情況時，要能隨機應變，保證船上乘客的安全。

紀渻子養鬥雞

【莊子・外篇・達生】

紀渻子為王養鬥雞。十日而問：「雞已乎？」曰：「未也。方虛憍而恃氣。」十日又問，曰：「未也。猶應嚮景。」十日又問，曰：「未也。猶疾視而盛氣。」十日又問，曰：「幾矣。雞雖有鳴者，已無變矣，望之似木雞矣，其德全矣，異雞無敢應者，反走矣。」

紀渻子養鬥雞

紀渻子爲王養鬥雞。十日而問：「雞已乎[1]？」曰：

紀渻子爲齊王馴養鬥雞。十天過後，齊王問道：「雞可以打鬥了嗎？」紀渻子回答說：

① 已乎：養成了嗎？意思是問鬥雞是否可以搏鬥了。

「未也。方虛憍[2]而恃氣。」十日又問，曰：「未也。

「還不行。這隻雞正處在驕傲自大，意氣用事的階段。」過了十天，齊王又問，紀渻子回答說：「還不行。

② 虛憍（ㄐㄧㄠ）：通「驕」。內心空虛而神態驕傲的樣子。

猶應嚮景[3]。」十日又問，曰：「未也。猶疾視而盛

牠聽到雞的聲音，見到雞的身影就會有反應。」過了十天，齊王又問，紀渻子回答說：「還不行。現在牠看東西還是怒目而視，

③ 嚮景：嚮通「響」，指雞鳴聲。景通「影」，指雞的身影。

氣。」十日又問，曰：「幾矣。雞雖有鳴者，已無變[4]

盛氣凌人。」過了十天，齊王又問，紀渻子回答說：「差不多了。其他雞即使鳴叫，牠已不爲所動，

④ 無變：不為所動，沒反應。

矣，望之似木雞矣，其德全[5]矣，異雞無敢應者，

看起來像一隻木雞，牠的自然德性完備了，別的雞不敢應戰，

⑤德全：自然德性完備。

反走矣。」

看見牠掉頭就走了。」

解讀

《孫子兵法》裡有一條：不戰而屈人之兵，善之善者也。意思是說打仗的時候，不用出兵就能戰勝別人，這才是最上乘的兵法。紀渻子養鬥雞也是這個道理，他把鬥雞馴養得自然德性完備。別的鬥雞在這隻鬥雞的眼裡像無物，所以牠能所向披靡，讓別的鬥雞不敢靠近。

從前有個叫紀渻子的人，他是專門替齊王馴養鬥雞的飼養員。他剛養了十天，齊王就興沖沖跑過來問他：「鬥雞是不是可以搏鬥了」紀渻子說：「還不行，這隻雞驕傲自大，目中無人。」

過了十天，齊王一路小跑著來要雞。紀渻子還是不給，指著鬥雞說，牠見到別的雞時還會熱情地打招呼，扯著嗓子鳴叫表示友好。

過了十天，齊王迫不及待地狂奔到紀渻子那兒，他覺得時機應該成熟了，抱著鬥雞要去跟別的雞搏鬥。但是紀渻子一把將雞奪回來，說：「這隻雞目光犀利，盛氣凌人，不適合戰鬥。」

又過了十天，齊王等得實在是不耐煩了。他一腳踹開紀渻子的養雞舍大門，要紀渻子交出鬥雞，否則就砍了他的腦袋。沒想到紀渻子說：「這隻鬥雞馴養成功了。牠看起來像塊木頭，自然德性完備，別的雞一看到牠嚇得掉頭就跑。」

文化小辭典

呆若木雞

成語「呆若木雞」正是出自這個故事，但它現在的意思與原來的意思卻截然不同。呆若木雞原來的意思是，紀渻子養的鬥雞看起來呆呆的，像木頭雞一樣，但其實牠把自己的全部實力都收斂起來，別的雞還沒靠近就已經感受到牠威嚴的氣勢，早嚇得跑遠了。

後來呆若木雞形容人因恐懼或驚訝而發愣的樣子。

呂梁游泳人

【莊子・外篇・達生】

孔子觀於呂梁，縣水三十仞，流沫四十里，黿鼉魚鱉之所不能游也。見一丈夫游之，以為有苦而欲死也，使弟子並流而拯之。數百步而出，被髮行歌而游於塘下。

ㄌㄩˇ ㄌㄧㄤˊ ㄧㄡˊ ㄩㄥˇ ㄖㄣˊ

呂梁游泳人

孔子觀於呂梁，縣水[1]三十仞[2]，流沫[3]四十里，

孔子在呂梁觀光遊覽，見到一道瀑布，瀑布傾瀉下來濺起的泡沫流淌到四十里以外的地方，

① 縣水：瀑布。縣，通「懸」。

② 仞：古代長度單位，一仞在周代為七尺到八尺，一尺約二十三公分。

③ 流沫：瀑布傾瀉下來濺起的水沫。

黿鼉[4]魚鱉之所不能游也。見一丈夫[5]游之，以爲有苦

黿鼉魚鱉都不能游過去。他看見一個男子在瀑布旁游泳，以爲是有苦楚

④ 黿（ㄩㄢˊ）鼉（ㄊㄨㄛˊ）：黿，鱉魚。鼉，揚子鱷。

⑤ 丈夫：古代稱成年男子。

而欲死也，使弟子並流[6]而拯[7]之。數百步而出，

而想投水而死的人，於是讓弟子順著水流游去對男子進行救援。可是那人潛入水中幾百步後從水中浮出水面，

⑥ 並流：順著河流。並，順著。

⑦ 拯：救援，救助。

被髮[8]行歌而游於塘下。

披散著頭髮一邊唱歌一邊游到堤岸下。

⑧ 被髮：披散著頭髮。被，通「披」。

解讀

有很多事情是人的天性使然，像故事裡的呂梁游泳人，別人認為他在危險的瀑布下游泳有生命危險，但他卻行動自如，如魚得水般自由。因為他從出生時起就生活在水邊，水性很好，在別人眼裡危險的地方，對他而言卻很安全。莊子告訴我們，人順應自然和天性，天性會引導人們掌握生存之道。

孔子和徒弟們周遊列國，到處宣傳自家的思想。這天他們來到了呂梁，呂梁這個地方有個非常有名的觀光景點，一個大瀑布。孔子也走累了，就帶著學生來看瀑布。

今天咱們給自己放個假吧！
好呀，我們的好老師！
子路

這裡的瀑布真高，瀑布濺出的泡沫能隨水流淌到四十里外的地方。水流非常湍急，連大鱉和揚子鱷這樣的水中霸王都很難在這裡施展自己的游泳本領。

救命啊！我要淹死了！
咕嚕……
……救命！
咕……

正當大家欣賞瀑布時，突然發現一個男人在水中浮浮沉沉，孔子大吃一驚，以為他遇到了什麼苦難的事，一時想不開。於是，趕緊讓懂水性的徒弟下去救人。

弟子們，快救人啊！
我去救，讓老師瞧瞧我的本事！

等幾個弟子「撲通」、「撲通」跳下水，水裡的男子已經潛游到幾百尺之外了。一眨眼的工夫，那個男子就浮出了水面，他披散著頭髮，一邊唱歌，一邊游向岸邊。

孔子看到這一幕更加吃驚了，這到底是個什麼神人啊，怎麼能在這麼湍急的水裡行動自如呢？於是他沿著岸邊一路小跑追著那個神祕男子，想打聽他游泳的祕訣。

孔子走到那男子身邊，笑嘻嘻地說：「我一開始還以為你是鬼呢？後來才發現你是人，而且還是個神人。你游泳的技術實在太厲害了，有什麼絕招嗎？」

男子毫不在乎地說：「我哪裡有什麼絕招啊！起初我是出於習慣，時間長了就成了習性，能掌握技能是因為順其自然，和漩渦一起潛入，和湧流一起浮出，順著水勢起伏，這就是我游泳的訣竅了。」

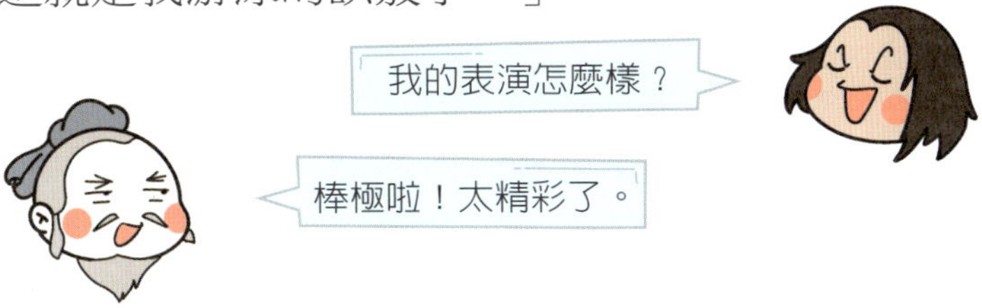
我的表演怎麼樣？
棒極啦！太精彩了。

孔子接著問：「什麼是『起初我出於習慣，時間長了就成了習性，能掌握技能是因為順其自然』？」男子回答：「習慣就是生長在高地就住在高地，習性就是常住在水邊就會游泳，順其自然就是不知道為什麼做而本能地這樣做。」孔子點頭稱讚。

哦，我懂了，
這就叫天性。
我不知道為什麼我會游泳，
我就是會。

文化小辭典

披髮行歌

古時男人和女人都留長髮，一般成年男子要束髮戴冠，披頭散髮被認為違背禮教。

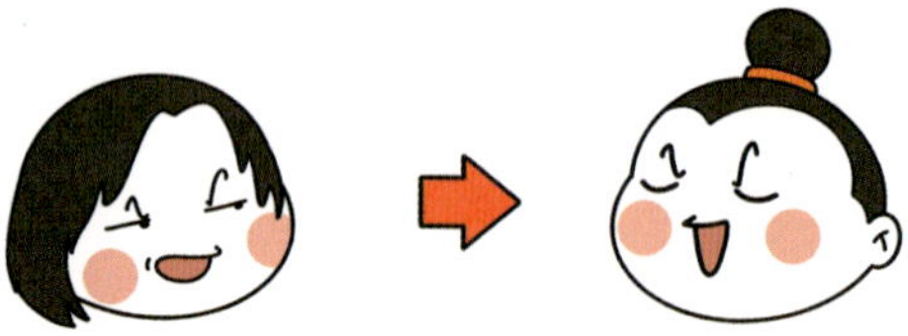

但有很多高人隱士，喜歡披散他們的頭髮，在水邊一邊行走一邊唱歌，以此來表達他們對所處時代的不滿，或者以此來抒發自己心中的鬱悶。

比如楚國三閭大夫屈原，在被楚懷王放逐後，經常披著頭髮，在水邊唱悲壯的詩歌。

梓慶削木

【莊子・外篇・達生】

梓慶削木為鐻，鐻成，見者驚猶鬼神。魯侯見而問焉，曰：「子何術以為焉？」

ㄗˇ ㄑㄧㄥˋ ㄒㄩㄝˋ ㄇㄨˋ

梓慶削木

梓慶[①]削木爲鐻[②]，鐻成，見者驚猶鬼神[③]。

有個叫梓慶的人，削木頭做鐻，鐻做成之後，看見的人驚嘆他的做工是鬼斧神工。

① 梓慶：人名。梓指梓匠，木工，此人以慶為名，稱為梓慶。
② 鐻（ㄐㄩˋ）：古代的一種樂器，像鐘。
③ 驚猶鬼神：製作出來的鐻不像人工做成的，而像鬼神之功。

魯侯[④]見而問焉，曰：「子何術[⑤]以爲焉？」

魯侯見到梓慶就問他這件事，說：「你是用什麼技術做出如此精妙的鐻啊？」

④ 魯侯：魯國的君主。　⑤ 術：技術、方法。

解讀

工匠精神是一個人職業道德和職業品質的體現，它要求我們對自己的專業或技術投入專注和敬業的精神，做到精益求精。梓慶就是這樣一個木匠，他的技藝高超，能把木頭削成一個精美的樂器，簡直像渾然天成的一樣。他的技藝能如此精湛（ㄓㄢˋ），是他排除了外界的一切干擾，毫無功利之心。

魯國有一個非常有名的木匠，名字叫梓慶。他的木工技術一流，神乎其神。因為技術高超，所以他被招到魯國宮廷，為魯侯服務。

恭喜啊！以後就是皇家御用人才了。
呵呵，我是打工人，在哪工作都一樣。
梓慶

有一次，魯侯閒著沒事突發奇想，想做一個名叫鐻的樂器，於是就讓人把梓慶叫過來。魯侯天馬行空，向梓慶描述了他心目中鐻的模樣。梓慶聽完後二話不說就開始埋頭工作。

我就要這樣的一個鐻。
這樣是哪樣啊？

梓慶挑了一塊木頭，左看看右瞧瞧，開始動手刨花、鑿眼、打磨，沒過幾天，鐻就做好了。這個鐻做得真是精美無比，天衣無縫，簡直就是鬼斧神工的傑作。

梓慶做出精妙的鐻在宮裡成了一件稀奇的事，馬上就傳開了。魯侯聽說後也非常好奇，跑來看熱鬧。當他看到鐻後兩眼放光，嘖嘖稱讚。他把梓慶喊過來，問他使用的是什麼技術。

梓慶對魯侯說：「我就是個平平無奇的木匠啊，哪裡有什麼獨門絕技啊！要說有什麼特殊的地方，倒是有一點與眾不同。我在製作鐻的時候，一點也不敢耗費精神，必須靜心使內心處於安靜的狀態。」

果然有
祕訣！
來，跟我學，
氣沉丹田。

「靜心三天後，不敢有任何封官獲賞的念頭；靜心五天後，我就忘記自己的木匠手藝到底精湛還是拙劣，別人讚美我還是罵我，我都不在意；靜心七天後，我就忘記自己的四肢，一心一意鑽研技藝。」

七天後……

「到了這個時候，我將心思全放在技藝上，外面的事情也干擾不到我。我就來到山上，觀看樹木的質地，尋找適合做鐻的木材，看到形態極其適合的樹時，彷彿一個鐻就在眼前一樣。」

哈哈，這裡
不是有個現
成的鐻嘛！

「然後把樹砍回來，按照它的形態稍微加工就行了。讓我的自然神氣配合樹木的自然本性，這樣做出來的鐻就似乎是鬼神做成的了。」

文化小辭典

鬼斧神工

成語「鬼斧神工」正是出自梓慶削木這個故事。

梓慶用木頭製作出「鐻」，這種樂器本是人工的，但梓慶的技藝實在是太精湛了，竟然看起來像是天然的，似乎是只有神鬼才能完成的傑作。

朱泙漫學屠龍

【莊子・雜篇・列禦寇】

朱泙漫學屠龍於支離益，單千金之家，三年技成而無所用其巧。

ㄓㄨ ㄆㄥ ㄇㄢˋ ㄒㄩㄝˊ ㄊㄨˊ ㄌㄨㄥˊ

朱泙漫學屠龍

朱泙漫①學屠②龍於支離益③，

朱泙漫向支離益學習屠龍的技巧，

① 朱泙漫：人名。 ② 屠：屠宰，屠殺。 ③ 支離益：人名。

單④千金之家，

耗盡了千金的家產，

④單：通「殫」，竭盡，耗盡。

三年技成而無所用其巧。

三年之後終於學成了這門技藝，但沒有地方施展他的技巧。

解讀

　　違背自然規律，終究要被自然規律懲罰。朱泙漫學習屠龍的技術從出發點就是錯誤的，因為他沒有弄清楚屠龍針對的是龍，如果沒有龍，那麼屠龍的技術學了也是白學，因為幾乎沒有施展這種技術的機會。

從前有個人叫朱泙漫，他聽說支離益有一項特殊的本領，可以追捕龍，然後將牠們殺死。朱泙漫對屠龍之技非常痴迷，成了支離益的崇拜者。他決定拜支離益為師，學習屠龍之技。

嘿！哈！
好，好，
真精彩！

但是支離益這個人是不輕易收徒弟的，他要收很高的學費。朱泙漫就把家裡的房子、土地都賣了，耗盡千金的財產，最後終於如願以償，跟著支離益學習屠龍術。

哈哈，等你
屠了龍要請
我吃龍肉啊！
等著我，馬
上給你弄翻
一條大龍！

朱泙漫跟著支離益每天起早貪黑練習屠龍的技術，又是刺，又是砍。他發奮學習了三年，支離益終於把所有的技術都教給了朱泙漫，讓他領了畢業證。朱泙漫高興得眼淚都流了下來。

謝謝老師，我激動得恨不得上天逮條龍下來。
好徒弟，恭喜你今天畢業了！

向老師拜別後，朱泙漫就開始尋找龍想試試自己的技術。但他走遍了三山五嶽，別說是龍，就連一條蛇都沒有碰到。朱泙漫這才發現自己學了一身本領，居然毫無用武之地，氣得吐血。

龍呢，你們哪去了？趕緊出來讓我砍啊！

文化小辭典

屠龍之技

成語「屠龍之技」就出自這則故事，指一個人耗費了時間、金錢和全部精力學成的技術，結果沒有用武之地。比喻高超但不實用，無處可以施展的本領或技能。

魯侯養鳥

【莊子・外篇・至樂】

昔者海鳥止於魯郊，魯侯御而觴之於廟，奏〈九韶〉以為樂，具太牢以為膳。鳥乃眩視憂悲，不敢食一臠，不敢飲一杯，三日而死。

魯侯養鳥（ㄌㄨˇ ㄏㄡˊ ㄧㄤˇ ㄋㄧㄠˇ）

昔者海鳥止於魯郊，魯侯御[1]而觴[2]之於廟[3]，

從前有一隻海鳥飛落到魯國的郊外，魯侯把牠迎接到太廟裡，並給牠準備了豐盛的酒宴，

① 御：迎接。 ② 觴（ㄕㄤ）：酒杯，用作動詞，宴飲，飲酒。 ③ 廟：太廟，供奉、祭祀祖先靈位的地方。

奏〈九韶〉[4]以爲樂，具太牢[5]以爲膳[6]。

爲牠演奏〈九韶〉音樂，宰了牛、羊、豬給牠吃。

④〈九韶〉：古代樂曲名。 ⑤ 太牢：指古代帝王祭祀祖先時，牛、羊、豬三牲全部具備。 ⑥ 膳（ㄕㄢˋ）：飯食。

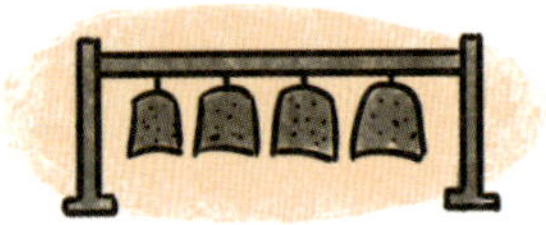

鳥乃眩視[7]憂悲，不敢食一臠[8]，

海鳥眼花撩亂，心中悲傷憂愁，一塊肉都不敢吃，

⑦ 眩視：眼花撩亂。 ⑧ 臠（ㄌㄨㄢˊ）：切成小塊的肉。

不敢飲一杯，三日而死。

一杯酒都不敢喝，就這樣過了三天，牠就死了。

解讀

人很多時候總是按照自己的想法，給別人強加很多不願意接受的東西或根本接受不了的東西，結果導致很糟糕的結果。就像故事中的魯侯，本來是出於真心愛護海鳥，卻因為餵養方法不當，導致海鳥一命嗚呼。這就告誡我們要順應自然規律，不能違背自然本性。

從前有一隻海鳥，生活自由又自在，每天吃飽了就在天上飛來飛去。有一天，牠飛呀飛呀，一不小心掉落到魯國的郊外，魯國人發現了牠，將這個消息報告給魯侯。

魯侯知道後，認為是天降祥瑞，於是就把這隻海鳥當成祖宗一樣，以當時最高的禮儀規格，把牠迎接到太廟。

魯侯喊來文武大臣，一起給這隻海鳥辦了一場隆重的歡迎宴會。讓皇家樂隊演奏樂曲給牠聽，又是宰牛，又是宰羊，把這些肉都餵給海鳥吃。

海鳥看著這鬧哄哄的宴會，目光迷惑游離，腦子昏昏沉沉，心裡無限的悲傷憂愁。海鳥一塊肉都不敢吃，一滴酒也不敢喝。三天之後，牠就一命嗚呼了。

文化小辭典

〈九韶〉

〈九韶〉舜時樂曲，一般是在大型隆重的宴會上演奏。

吳王射猴

【莊子・雜篇・徐无鬼】

吳王浮於江，登乎狙之山，眾狙見之，恂然棄而走，逃於深蓁。有一狙焉，委蛇攫搔，見巧乎王。王射之，敏給搏捷矢。王命相者趨射之，狙執死。

ㄨˊ ㄨㄤˊ ㄕㄜˋ ㄏㄡˊ
吳王射猴

吳王[1]浮於江，登乎狙[2]之山，衆狙見之，恂然[3]棄而走，

吳王渡過長江，登上猴子聚居的山，群猴看見吳王，都驚恐地棄了地盤四散逃開，

① 吳王：吳國的君主。 ② 狙（ㄐㄩ）：猴子。

③ 恂（ㄒㄩㄣˊ）然：恐懼害怕的樣子。

逃於深蓁[4]。有一狙焉，委蛇攫搔[5]，見[6]巧乎王。

逃到荊棘茂密處躲藏起來。其中有一隻猴子，從容地在樹叢間抓牢樹枝，來回跳躍攀爬，向吳王顯示牠靈巧的身手。

④ 蓁（ㄓㄣ）：叢生的草木或荊棘。 ⑤ 委蛇攫搔（ㄐㄩㄝˊ ㄙㄠ）：從容地跳躍攀爬，抓緊樹枝。 ⑥ 見：表現，展露。

王射之，敏給[7]搏[8]捷矢。

吳王朝牠射箭，牠敏捷地將箭一把接住。

⑦ 敏給：敏捷。 ⑧ 搏：接取。

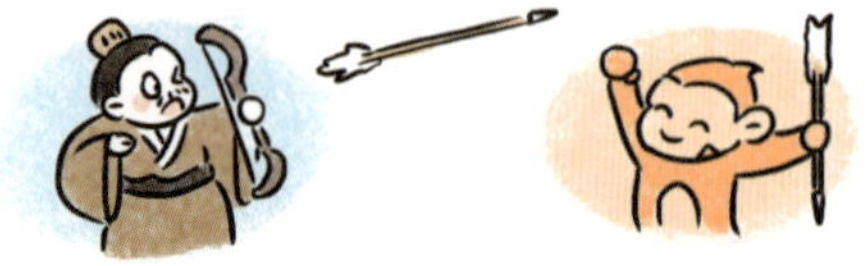

王命相者[9]趨射之，狙執[10]死。

吳王命令隨從一齊射這隻猴子，猴子抱著樹中箭而死。

⑨ 相者：隨從吳王打獵的人。 ⑩ 執：拿，握。

解讀

人如果過於高傲自大，必定要栽跟頭。就像故事裡的這隻猴子，本來有機會逃命，牠卻自以為是，以為自己很有本領，能抵擋得住吳王射來的箭。可是牠萬萬沒想到，吳王背後有很多神箭手，結果就把自己的性命送掉了，實在是太愚蠢了。

有一天，吳王突然來了興致要去猴山上打獵。於是他就帶著一大群會打獵的人背著弓拿著箭，乘著船，一面欣賞著江上的景色，一面向猴山進發。

猴子們看到有人來了，嚇得四處逃竄。但有一隻猴子與眾不同，牠竟然在樹上來回晃蕩，成功引起了吳王的注意。吳王用箭射牠，牠靈巧地躲了過去。這下可惹惱了吳王，他讓大夥一齊射猴子，沒過多久，這隻猴子就成了箭靶子。

猴子被射死了，吳王對跟隨他一起來的朋友顏不疑說：「這隻猴子自以為身手敏捷，驕傲過了頭，最後都不知道自己是怎麼死的，要引以為戒啊！對人傲慢是一件很危險的事。」

顏不疑聽了吳王的話頓時就大徹大悟，回去後他拜董悟為老師，戒掉自己得意忘形的心態。他把歌舞聲樂這些東西都放棄了，連榮華富貴也不要了。就這樣過了三年，吳國的人都對他誇讚有加。

文化小辭典

狙

狙，古書上說是一種猴子，有的說是獼（ㄇㄧˊ）猴，有的說是猿猴。

猴子在動物裡是智商比較高的物種，但在莊子的故事裡猴子卻沒有那麼聰明。在「朝三暮四」的故事裡，猴子的腦筋轉不過來，被餵猴子的人耍得團團轉。

而在這個故事裡，猴子狂妄自大，盲目自信，結果斷送了自己的性命。

灌園老人

【莊子・外篇・天地】

子貢南遊於楚，反於晉，過漢陰，見一丈人方將為圃畦，鑿隧而入井，抱甕而出灌，搰搰然用力甚多而見功寡。

ㄍㄨㄢˋ ㄩㄢˊ ㄌㄠˇ ㄖㄣˊ
灌園老人

子貢[1]南遊於楚，反於晉，過漢陰，

子貢往南遊歷到了楚國，返回晉國時，路過漢水的南岸，

① 子貢：孔子弟子。

見一丈人[2]方將爲圃畦[3]，鑿隧[4]而入井，

遇到一位整理菜地的老人，他挖了一條通往水井的地道，

② 丈人：古代對老人的尊稱。

③ 將為圃畦：圃，菜園。畦，開畦種菜。將要開地種菜。

④ 鑿隧：鑿地道、水渠。

抱甕[5]而出灌，搰搰然[6]用力甚多而見功寡。

抱著瓦罐舀水出來澆地，很費力氣而且功效很小。

⑤ 甕：瓦罐。

⑥ 搰（ㄏㄨˊ）搰然：用力的樣子。也有人說是灌水的聲音。

解讀

用現在的觀點來看，灌園老人可真是個不懂得變通的固執老人。人類發明工具就是為了節省力氣，提高生產效率。但灌園老人卻認為這是人們投機取巧的行為，從個人的修養來說，一個人如果心存投機取巧，那他的精神就不夠純潔，他就不能得道。

子貢帶著學生去南方楚國旅行，返回晉國的時候他們路過一個叫漢陰的地方，看見一位老人在菜園子裡勞作——挖地道通往水井，然後抱著瓦罐打水出來澆菜。老人工作不僅辛苦，而且效率非常低。

這人為什麼不用灌溉工具啊？
今天遇見了一個「老古董」！

子貢看著老人來來回回吃力取水的樣子，忍不住多管閒事，於是扯著嗓子大聲對老人說：「大爺，我這裡有一種機械，一天能灌溉一百畝地。不用花多少力氣，省事而且效率也高，您不想用它嗎？」

您可以試用一下這個產品，包您滿意。
子貢
不了，別瞎給我推銷了！

灌園老人停止澆水，抬起頭問子貢這是什麼機械。子貢就說：「這機械是木頭做的，後面重，前面輕，用它提水就像從井裡抽水一樣，速度就像鍋裡的水煮開了溢出來一樣，它的名字叫桔槔（ㄐㄧㄝˊ ㄍㄠ）。」

這機械好用省力，快用吧。
這是什麼玩意啊？

老人聽完，氣得臉都變形了。但他還是保持微笑對子貢說：「我聽老師說，有機械的幫助必然是投機取巧的事。有投機取巧的事就有投機取巧之心。有這樣的心思，哪還有純潔的品德，那還怎麼得道呢？」

這種投機取巧的事我可不做。
唉，還真是個老頑固！

老人問子貢是做什麼的，子貢說自己是孔子的學生。老人語重心長地勸子貢說：「你學了點知識就到處炫耀，彈個琴寫個詩不就是為了出名嗎？你連自己的精神都喪失了，哪還有工夫治理天下啊？」

快走吧，別耽誤我工作。
我怎麼被您說成了小丑？

子貢被老人說得越來越羞愧，趕緊帶著學生灰溜溜地離開了。走了三十里路臉色才恢復正常，學生一路上也不敢說話，到了這時候才敢問他：「剛才那個老人到底是誰呀？老師聽了他的話為什麼臉色這麼難看啊？」

老師，您見了那老人之後有點不正常呀。
正常才怪呢，這老人真有兩下子。

子貢和學生解釋自己思考的問題：「以前我以為只有孔子有學問，今天碰到一個高手，他提醒我真正有德行的人是不投機取巧的，灌園老人才是德行完全的人，而我只不過是一個隨風飄蕩的人。」

老師您怎麼了？
唉，白念了這麼多書。

子貢回到魯國，把這件事告訴了孔子。孔子說：「他是假借渾沌氏的道術來修養內心的人，只知道堅守純粹的道理，而不管其他的；只知道內心的修養，而不理會外在的東西，所以遇到這樣的人我怎麼能不驚訝呢？」

老師，那個灌園老人把我給弄糊塗了。
你瞧你那點出息！

文化小辭典 桔槔

桔槔是古代一種汲水的工具，利用的是槓桿原理。

在井旁邊架設一架槓桿，槓桿一端掛石頭等重物，另一端掛取水的桶。

人可以借助這種裝置用不大的力氣將灌滿水的桶從井裡提出來。

北宮奢募捐

【莊子・外篇・山木】

北宮奢為衛靈公賦斂以為鐘，為壇乎郭門之外，三月而成上下之縣。王子慶忌見而問焉，曰：「子何術之設？」奢曰：「一之間，無敢設也。」

ㄅㄟˇ ㄍㄨㄥ ㄕㄜ ㄇㄨˋ ㄐㄩㄢ

北宮奢募捐

北宮奢[1]爲衛靈公[2]賦斂[3]以爲鐘[4]，

北宮奢替衛靈公募捐鑄造鐘，

① 北宮奢：人名，衛國的大夫，因為居住在北宮，所以叫北宮奢。

② 衛靈公：姓姬，名元，春秋時期衛國第二十八代國君。

③ 賦斂：為了鑄造鐘向眾人籌集經費。

④ 鐘：類似於編鐘之類的樂器。

爲壇[5]乎郭門之外，三月而成上下之縣[6]。

在城門外設置了祭壇，三個月後就鑄成了上下兩層的鐘。

⑤ 為壇：設置祭壇。 ⑥ 上下之縣：上下兩層的鐘架。縣，通「懸」。

王子慶忌[7]見而問焉，曰：「子何術之設？」

王子慶忌見到鐘，就問他：「你用的是什麼方法？」

⑦ 王子慶忌：吳王僚的兒子。慶忌是他的名字。

奢曰：「一之間[8]，無敢設也。」

北宮奢說：「純任自然，沒有什麼其他辦法。」

⑧ 一之間：一，純一的意思。純任自然。

解讀

如何讓百姓將自己的錢財捐獻出來給國君建造一座編鐘，這不用說就是個難辦的差事。但是北宮奢輕而易舉就辦到了，而且三個月就把這項大工程完成了。他沒有用什麼特殊的辦法，而是順應自然，任憑民眾自己的意願出錢出力，畢竟只有真正願意的人才會投入自己的誠意去做這件事。

衛國的國君衛靈公是個音樂愛好者。有一天他心血來潮，想在廣場上建個大型編鐘，來一場盛大的音樂會。於是他就派北宮奢負責這件事，讓他向人民募款，把編鐘造好。

我要做點瘋狂的事，辦一場大型音樂會。
唉，您還真愛玩！
衛靈公
北宮奢

北宮奢二話不說立刻行動起來，在廣場上發布了公告，讓百姓有錢的出錢，有力的出力，一切根據自己的意願。短短三個月，編鐘就造好了，編鐘架子分上下兩層，上面掛滿了大大小小的鐘。

看來你還是有兩把刷子，幹得漂亮！
這可不是我吹牛，我辦事就是這麼可靠。
榜

王子慶忌見到如此壯觀的編鐘，非常驚奇，圍著編鐘轉了好幾圈，嘖嘖稱讚北宮奢不僅完成了這項大工程，而且沒花太長時間。王子慶忌問北宮奢使用了什麼方法，為什麼這麼快就完成了任務。

這麼快就完成這項大工程啦？
這要多謝大家的幫助啊！
王子慶忌

北宮奢說：「唯一的辦法就是專心致志地鑄造編鐘。我主張人要純樸，我沒有硬性要求大家一定要出錢出力，而是讓他們自覺地按照自己的想法來行事，所以我的募款一點都沒有損害到大家的利益。」

我家沒什麼東西，就錢多，給你送點。
我渾身都是力氣，要出力儘管讓我來。

文化小辭典

編鐘

編鐘是中國古代一種大型的打擊樂器。

編鐘的主要樂器是鐘，扁圓形狀，一般由青銅鑄造而成。大小不同的扁圓鐘按照音調高低不同的順序排列起來，懸掛在巨大的鐘架上，用木槌敲擊銅鐘就會發出不同的樂音。

徐无鬼見魏武侯

【莊子・雜篇・徐无鬼】

徐无鬼見武侯，武侯曰：「先生居山林，食芧栗，厭蔥韭，以賓寡人久矣夫。今老邪，其欲干酒肉之味邪，其寡人亦有社稷之福邪？」

ㄒㄩˊ ㄨˊ ㄍㄨㄟˇ ㄐㄧㄢˋ ㄨㄟˋ ㄨˇ ㄏㄡˊ

徐无鬼見魏武侯

徐无鬼[①]見武侯[②]，武侯曰：「先生居山林，食芧栗[③]，

徐无鬼來拜見魏武侯，武侯說：「先生您居住在山林裡，吃小栗子，

① 徐无鬼：人名，魏國的隱士。

② 武侯：即魏武侯，戰國初期魏國國君。

③ 芧（ㄒㄩˋ）栗：橡子和栗子。

厭[④]蔥韭，以賓寡人[⑤]久矣夫。

飽食蔥和韭菜，拒絕我給你的官已經很久了。

④ 厭：飽食，吃飽。

⑤賓寡人：賓，通「擯」，擯棄。謝絕與我交往。

今老邪，其欲干[⑥]酒肉之味邪，

現在年老了，是想追求厚祿，嘗嘗酒肉的味道嗎？

⑥ 干：求，索求。

其寡人亦有社稷之福[⑦]邪？」

還是說我的國家也有能得到您賜福的機會？」

解讀

在這個故事裡，徐无鬼是個非常有平等思想的人，雖然他是古人，但他的思想卻和現代人一樣。在他眼裡，天地萬物都是平等的，身分尊貴的人不能理所當然地認為自己就比別人尊貴，而地位低下的人也不能認為自己生來就卑賤。人和人之間，人和物之間都是一樣的。

魏國有一位隱士叫徐无鬼，他天生高傲，就算是國君請他出來做官，他也瞧不上。每天吃著橡子、栗子等山上的堅果，還有大蔥、韭菜等自己種的蔬菜，日子過得雖然窮困潦倒，但他很自由快樂。

嗨，徐隱士，你又來挖大蔥啦！
可不是嘛，要不要我給你表演個「甩蔥舞」？

有一天，徐无鬼出山來拜見魏武侯，魏武侯很驚訝，故意嘲笑他說：「徐隱士啊，你躲著我在山上吃野味已經很久了。怎麼，現在年紀大了想賺點錢好喝酒吃肉了？還是說你想通了，要為社會造福啦？」

笑話，我又不是個飯桶。
我這的山珍海味不大符合您的口味啊！
魏武侯

徐无鬼摸了摸鬍子，笑著說：「我窮慣了，從來不想當官拿薪水。我這次是特地來問候大王您的啊！」魏武侯驚得下巴都要掉下來了，問他：「為什麼要問候我？你怎麼問候呢？」徐无鬼說：「我來問候您的精神和形體呀！」

我看您已經病
得不輕了。
這就奇怪了，
我又沒得病。

魏武侯一下子楞住了，問徐无鬼這是什麼意思。徐无鬼說：「這天和地就像我們的爹娘一樣，養育萬物。我們都是平等的，有地位的人不能仗著自己的地位就目中無人，地位低下的人也不能認為自己一定是下賤的。」

這有什麼了
不起，你又
不會打洞。
見到我還不投降，
我可是站在食物鏈
頂端的動物。

「大王您是擁有萬輛兵車的強大君主，您不惜勞煩一國的百姓來滿足自己的私欲，這就讓心神之靈受損，這是一種精神病態。您病得不輕啊，為什麼偏要犯損害百姓的病呢？」

病入膏肓了，
您還不知道啊！
你不要嚇我！

魏武侯有點心虛，對徐无鬼說：「我老早就想見先生了，想讓您為我出謀劃策。我想愛護我的子民，為了讓百姓安居樂業，現在我停止戰爭，可以嗎？」

大王真好，我們不用打仗了。
大王萬歲，終於可以回家種田了。

徐无鬼搖搖頭，一臉嚴肅地說：「不可以，您宣揚愛民其實是害民，突然停止戰爭其實潛伏著發動戰爭的禍根。您想要成就美名，但往往會走向虛偽。費了不少力氣樹立起自己愛百姓的形象，最後不知道會變成什麼魔鬼。」

我看您離變成魔鬼不遠了。
我可是個好國君。

徐无鬼向魏武侯建議道：「平時沒必要在城門樓下展示兵器來表明停止戰爭，不要懷揣著小心思達到自己不可告人的目的，不要殺掉別國的百姓，吞併別國的土地來滿足自己的欲望，這樣的戰爭有什麼好呢？您要做的就是順應天地之情，不侵擾百姓就可以了。」

聽我一句勸，順應天道。
呃，我怎麼感覺上了你的當了！

文化小辭典

萬乘之主

乘（ㄕㄥˋ）是指古代的兵車，四匹馬拉一輛車稱為「乘」，一乘上配備的士兵約三十人。

春秋戰國時期，衡量一個國家的國力或軍事力量一般用兵車數量來計算。擁有萬輛兵車就說明這個國家有三十萬左右的兵力，是一個比較強盛的國家了。

而統治這個國家的人就被稱為「萬乘之主」，是稱霸一方的諸侯。

王子搜逃命

【莊子・雜篇・讓王】

越人三世弒其君，王子搜患之，逃乎丹穴。而越國無君，求王子搜不得，從之丹穴。王子搜不肯出，越人薰之以艾。乘以王輿。

王子搜逃命

越人三世弒[1]其君，王子搜[2]患之，逃乎丹穴[3]。

越國人殺掉了三代的國君，王子搜非常憂懼，於是逃到一個叫丹穴的山洞裡。

① 弒（ㄕˋ）：古代臣殺君或子殺父。

② 王子搜：搜，王子的名字。　③ 丹穴：洞窟的名字。

而越國無君，求王子搜不得，從[4]之丹穴。

越國沒有了國君，到處找不到王子搜，最後追蹤到了丹穴。

④ 從：追蹤。

王子搜不肯出，越人薰之以艾。

王子搜躲在洞穴中不肯出來，越人在洞口用艾草熏煙，逼他出來。

乘以王輿[5]。

用君王的馬車來載他。

⑤ 乘以王輿：用君王的馬車來載他。

解讀

真的有人不願意當一國之君嗎？在一般人看來，當上一國之君，登上權力的巔峰是夢寐以求的事情。但是王子搜卻恐懼到了極點，因為他看到了在權力面前，有些人會變成魔鬼。正是因為他越對權力沒興趣，越國人越覺得他的德行才更配當國君。

越國人對他們的國君不太友好，接連殺掉三代君王。在越國，國君成了「高風險職業」。但是，國不可一日無君啊。所以越國人還得繼續找人來當他們的國君，於是他們在越王的子孫裡看中了王子搜。

王子搜聽到了越國人要選他當國君的消息，非常恐懼，趕緊從宮中逃走，他可不想成為第四個待宰的羔羊。他一路潛逃，逃到了一個山洞裡，躲了起來。

越國人不死心，一定要讓王子搜當國君。他們用盡各種手段讓王子搜跟他們回去，王子搜說什麼也不出山洞。最後越國人想到一條計謀，他們居然在洞口點燃艾草熏王子搜，王子搜被濃煙嗆得跑了出來。

壞蛋，你們不講武德。
對待您這樣的非常人物，就得用點「非常」手段。

越國人讓他坐上專門為國君準備的馬車。王子搜非常不情願，但是士兵的刀就架在他的脖子上，他只好拽著車上的繩子上了車，像要被殺的豬一樣仰天大叫說：「君王啊，君王啊，怎麼就是不肯放過我啊！」

為什麼就不能放過我呢？
您就不要磨蹭啦，早晚都是要當國君的，別鬧了。

文化小辭典

艾草

艾草是多年生草本植物，是一種常見的植物，也是一味歷史悠久的中草藥。

艾草有溫經、祛溼、散寒、止血、消炎、平喘、止咳、抗過敏等作用。燃燒艾草還可以起到消毒、殺蟲的功效。

「清明插柳，端午插艾。」每到端午節，家家將艾條插於門楣，以防蚊蟲。

國家圖書館出版品預行編目(CIP)資料

同學！讀《莊子》【隱藏版強手是呆若木雞】／
繪時光編繪. -- 初版. -- 臺北市：五南圖書
出版股份有限公司, 2025.09
面；　公分
ISBN 978-626-423-675-1(平裝)

1.CST：莊子　2.CST：通俗作品

121.33　　114010328

YX6F

同學！讀《莊子》【隱藏版強手是呆若木雞】

編　繪　者－繪時光
編輯主編－黃文瓊
責任編輯－吳雨潔
文字校對－盧文心
封面設計－姚孝慈
內文編排－賴玉欣
出　版　者－五南圖書出版股份有限公司
發　行　人－楊榮川
總　經　理－楊士清
總　編　輯－楊秀麗
地　　址：106臺北市大安區和平東路二段339號4樓
電　　話：(02)2705-5066　傳　　真：(02)2706-6100
網　　址：https://www.wunan.com.tw
電子郵件：wunan@wunan.com.tw
劃撥帳號：01068953
戶　　名：五南圖書出版股份有限公司
法律顧問　林勝安律師
出版日期　2025年9月初版一刷
定　　價　新臺幣350元